KRUM

Hanoch Levin

KRUM

Tradução Giovana Soar

Cobogó

SUMÁRIO

KRUM 7
Ato I 16
Ato II 49

No meio da pedra tinha um caminho,
por Patrick Pessoa 73

KRUM

Comédia de **Hanoch Levin**

Tradução Giovana Soar

Krum estreou em fevereiro de 2015 no teatro do Oi Futuro, no Rio de Janeiro, e faz parte do repertório da companhia brasileira de teatro.

Texto
Hanoch Levin

Adaptação
Marcio Abreu e Nadja Naira

Direção
Marcio Abreu

Tradução
Giovana Soar

Tradução do hebraico
Suely Pfeferman Kagan

Elenco
Cris Larin
Danilo Grangheia
Edson Rocha
Grace Passô
Inez Viana
Ranieri Gonzalez
Renata Sorrah
Rodrigo Bolzan /
Rodrigo Andreolli
Rodrigo Ferrarini

Iluminação
Nadja Naira

Cenário
Fernando Marés

Trilha e efeitos sonoros
Felipe Storino

Figurino
Ticiana Passos

Direção de movimento
Marcia Rubin

Direção de produção
Faliny Barros

Projeto gráfico
Fábio Arruda e Rodrigo Bleque – Cubículo

Fotos
Nana Moraes

Interlocução artística
Patrick Pessoa

Produção executiva
Isadora Flores

Produção
Companhia Brasileira de Teatro Cassia Damasceno

Assistência de direção
Nadja Naira e Giovana Soar

Assistência de cenografia e direção de cena
Eloy Machado

Assistência de produção e contrarregragem
Liza Machado

Assistência de produção
Vivi Oliveira

Assistência de iluminação e operação de luz
Lara Cunha

Assessoria de imprensa
Vanessa Cardoso / Factoria Comunicação

Assistência da assessoria de imprensa
Pedro Neves

Costura
Ticiana Passos e Luciana Falcon

Assistente de figurino
Luciana Falcon

Estagiário de cenário
Yuri Wagner

Administração do projeto
Heloisa Lima

Contabilidade
Gelson Almeida

Registro em vídeo
Johnny Luz

Assistência de produção
Companhia Brasileira de Teatro Henrique Linhares

Operação de som
Fabio Lobo e Mauricio Chiari

Montagem de luz
Lara Cunha, Daniel Rodrigues e Daniel Galvan

Montagem de som
João Paulo Pereira e Fabio Lobo

Cenotécnico
André Salles

Estofador
Ivan Cabeleira

Montagem de cenário
Beto Paraná, Bruno Salles, Ivan Cabeleira,
Ivan dos Santos, Robson de Almeida e Walmir Jr.

Produção e realização
Renata Sorrah Produções e companhia brasileira de teatro

Patrocínio de manutenção da companhia brasileira de teatro
Petrobras

PERSONAGENS

KRUM, O ECTOPLASMA

A MÃE DE KRUM

SHAKITA, O TACITURNO

TUGATI, O AFLITO

DOLCE

FELÍCIA, SUA MULHER

TAKHTI, O PRECIOSO

TRUDA, A AGITADA

DUPA, A PATETA

TWITSA, A ROLINHA

BERTOLDO, O ITALIANO

PRÓLOGO

Penumbra. Ao microfone, entrando pela plateia.

KRUM: Eu sou filho dela. Aqui era a casa dela. Levanta, ressuscita, e que eu possa novamente acreditar, como quando eu era pequeno, que você é invencível. De pé, você, que me pôs no mundo e que me criou. Eu achava que você ia me salvar, que um dia você arrancaria a máscara e que sob essa aparência de sofrimento surgiria um rosto feliz, e nós riríamos, riríamos muito desse nosso sonho ruim. Levanta, mãe, e vai para casa, porque eu te proíbo de ir embora! Eu te proíbo, você está me ouvindo? Eu te proíbo!

Não, não, ainda não, eu ainda não estou pronto o suficiente. Não, a hora dessa dor ainda não chegou, eu ainda não estou pronto. Mais tarde. Antes é preciso se preparar, armazenar forças, treinar, comer bem, dormir bem, fazer exercícios todas as manhãs. É preciso amadurecer, se fortalecer, antes desse dia. E o dia virá, eu sei, as travas da minha alma vão se abrir, e eu vou chorar, por tudo, pelo tempo desperdiçado que não voltará, vou explodir para sempre esta carapaça que me sufoca e vou aparecer, enfim, novo e disposto. Pronto para começar a viver. Ainda não. Eu vou fazer exercícios todas as manhãs. Só depois. Mais tarde.

Ato I

CENA 1

Blecaute. A mãe e Shakita.

MÃE: O avião pousou. Eu vou rever meu filho. Daqui a pouco. Aí vem ele.

Entra Krum, segurando uma mochila. Ele abraça a mãe.

KRUM: Mãe, eu não consegui nada no estrangeiro. Eu não encontrei nem fortuna nem felicidade. Eu não melhorei em nada, eu não me diverti, não me casei, nem mesmo noivei. Eu não conheci ninguém. Não comprei nada e não trouxe nada comigo. Na minha mala só tem roupa suja. É isso aí, já disse tudo e agora eu gostaria que você me deixasse em paz.

MÃE: Ele com certeza está me preparando uma surpresa.

KRUM: Não.

MÃE: Certamente ele tem uma surpresinha para a sua mãe.

KRUM: Não, não tenho!

MÃE: Por que você está gritando? Alguém pediu alguma coisa para você? Você voltou para a gente brigar?

Ela chora.

KRUM: Pronto, já está me irritando. Sorte a sua eu achar desagradável ficar gritando no meio do aeroporto. Oi, Shakita! [*ele aponta para a mãe, que está chorando*] É de felicidade! Tugati não veio?

SHAKITA: Ele não estava se sentindo bem.

KRUM: Vamos?

Blecaute.

CENA 2

TUGATI: Sr. Dolce! Sr. Dolce! Me desculpe incomodá-lo, mas eu acabei de ler no jornal que o choro libera o diafragma e que é bom para a saúde chorar de vez em quando.

DOLCE: Não, agora eu não posso chorar com você. Desculpe, mas justamente agora eu e minha mulher estamos saindo para uma cerimônia de casamento.

TUGATI: Eu só queria pedir para o senhor colocar um disco triste. Qualquer um. Quando escuto uma música triste, meus olhos imediatamente se enchem de lágrimas. E se o senhor me emprestar o toca-discos? Eu prometo tomar cuidado.

DOLCE: Está bem, mas você vai ter que chorar rapidinho, porque nós já estamos de saída.

FELÍCIA: Você sabe muito bem que nosso toca-discos nunca sai da nossa casa, só mesmo em caso de mudança.

DOLCE: Mas você pode ouvir daí, as janelas estão abertas.

FELÍCIA: Vai logo colocar uma coisa para ele escutar, estamos perdendo tempo.

TUGATI: Um cantor, se não for pedir muito. Se o cantor chora, isso me ajuda ainda mais.

FELÍCIA: Coloca o italiano para ele.

TUGATI: Muito obrigado. Eu sinto que se ao menos eu conseguisse liberar o diafragma...

FELÍCIA: Já sabemos. Se alegrar com os nossos discos, chorar com os nossos discos! Por acaso eu danço conforme a música dos outros? Tem gente que gosta mesmo é de se aproveitar! Quem não tem toca-discos, que aprenda a chorar no silêncio!

Música triste e a voz de um cantor italiano. Tugati tenta chorar.

TUGATI: Não deu certo. Não consegui.

CENA 3A

KRUM: Olá, Tugati. Eu cheguei hoje.

TUGATI: E então, o que você viu? Conta alguma coisa.

KRUM: Eu não vi nada. Eu dormi a maior parte do tempo. Parece que me imaginar viajando me convém mais do que viajar realmente. Você me conhece, eu não mudei, eu sempre quero tanto e faço tão pouco para conseguir. Eu fico esperando que o grande romance do século se escreva sozinho sob minhas mãos. Como sempre, eu fico esperando cruzar na rua — por acaso, claro — com uma criatura incrível, muito rica, e que não vai querer mais ninguém na vida além de mim.

E, acima de tudo, eu espero que, como num passe de mágica, eu me encontre bem longe daqui, deste bairro, longe desta cidade, numa casinha branca, cercada por um enorme jardim, longe dos ônibus, da poluição, casado com uma mulher atraente, pai de dois filhos.

Mas uma coisa você tem que admitir: apesar de toda a minha inércia, eu consegui, até hoje, não me casar. Porque se casar e fazer filhos neste buraco, com um salário de funcionário, é o fim da picada. Olha bem para esta gente daqui. Lamentável. Isto é muito pouco para mim. Obrigado. O que eu quero agora é me dar um ano ou dois, escrever um romance sobre este lugar, ganhar um bom dinheiro com isso e cair fora. Adeus, senhoras e senhores, eu ganhei uma grana à custa de vocês, eu escrevi sobre a mediocridade de vocês, e agora eu vou viver, vocês podem morrer sufocados.

CENA 4

Dolce e Felícia, saciados de tanto comer e beber.

TUGATI: Como estava o casamento?

FELÍCIA: Como um casamento.

TUGATI: Tinha coisa boa para comer? O quê? O que é que vocês comeram?

FELÍCIA: Desculpe, mas agora estamos no meio da digestão.

TUGATI: Krum voltou.

FELÍCIA: O ectoplasma? [*ela ri*]. E ele trouxe alguma coisa para você? Com certeza não trouxe nada.

TUGATI: Tinha frango?

FELÍCIA: [*ri com desdém*] Frango? Frango é pinto perto do que a gente comeu.

TUGATI: É mesmo?

FELÍCIA: Claro, finalmente o casamento de uma pessoa de bem. Mas quem tem forças para falar neste estado? Dolce, vem, vem digerir lá dentro.

DOLCE: Vou ficar aqui tomando um ar.

FELÍCIA: Tudo isso só para não me ver pelada.

DOLCE: [*respirando com dificuldade*] Ai, eu estou cheio.

TUGATI: Então, tinha mais o quê?

DOLCE: Nem queira saber.

TUGATI: Só de pensar já me dá água na boca.

DOLCE: Oh! Eu estou entupido, eu vou morrer.

TUGATI: Com certeza tinha uma orquestra e dança.

DOLCE: Dança? Você acha que a gente conseguia se mexer? Foi só da mesa para o banheiro, do banheiro para a mesa, só isso. Ai, eu vou explodir, eu vou explodir! Mais uma garfada e eu morro. Aliás, me dá licença, que eu vou ali dentro me suicidar com uma fatia de bolo.

Dolce e Felícia saem.

TUGATI: Eu não acredito que eles não dançaram no casamento. Homens e mulheres dançando agarradinhos, os corpos grudados... Com uma música tórrida de fundo, procurando motivos para se casar.

CENA 3B

TUGATI: Krum, eu queria te perguntar mais uma coisa.

KRUM: Eu não estou preparado para ouvir essa pergunta outra vez. Não.

TUGATI: Pela última vez, por favor.

KRUM: De jeito nenhum.

TUGATI: Por favor, Krum, tenha compaixão. Eu sou um homem doente. É só uma perguntinha que precisa de uma respostinha. Você só precisa me dizer sim ou não.

KRUM: Meu Deus, por que foi que eu voltei?!

TUGATI: É melhor fazer exercícios físicos de manhã ou de noite?

KRUM: De manhã.

TUGATI: Deixa pelo menos eu expor os prós e os contras. Eu vou explicar uma última vez, depois disso você me dá sua resposta. Última e definitiva. Não é segredo para ninguém o meu problema, que, até hoje, eu não consegui decidir se é melhor fazer exercícios de manhã ou de noite. Se eu fizer de manhã, eu tenho medo de ficar muito cansado antes de ir trabalhar, porque fazer exercício cansa. Se eu fizer de noite, antes de me deitar, eu tenho medo de ficar muito agitado e não conseguir dormir, porque fazer exercício desperta a pessoa; de tarde é impossível, eu sou contra compromissos no meio do dia. Tem que ser ou no início ou no fim do dia. Isso envolve também outros problemas, como, por exemplo, o banho. Se eu fizer exercícios de manhã, eu tenho que tomar banho logo depois. E de noite, quando eu voltar do trabalho, eu vou ter que tomar banho novamente? Sejamos realistas, isso é impossível, principalmente no inverno. Se eu fizer exercícios de noite, antes de me deitar, estamos de acordo que eu não vou mais precisar me lavar de manhã, já que me lavei de noite, certo? Errado! O banho me desperta, então eu deveria tomar banho de manhã e não à noite! Estamos de novo diante do mesmo problema. Faz 15 anos que eu me debato com essa questão, 15 anos que toda vez que eu decido a respeito de uma coisa eu leio um artigo no jornal que prova exatamente o contrário. Por que não organizam um colóquio médico internacional sobre esse assunto e decidem de uma vez por todas! Senhores médicos, vocês estão me matando! E agora, mas levando em conta todos os meus argumentos, qual é a sua resposta definitiva?

KRUM: De manhã.

TUGATI: E se eu ficar cansado com os exercícios?

KRUM: Tchau.

TUGATI: Por favor, me responda, você está vendo que eu estou sofrendo! Todas essas perguntas me consomem. Elas me consomem!

CENA 5

Um bar, uma festa.

KRUM: Boa noite, Truda, eu cheguei hoje à tarde.

TRUDA: Eu estou sabendo.

KRUM: Eu ia te escrever...

TRUDA: Vocês se conhecem? Takhti, o precioso, Krum, o ectoplasma.

KRUM: Posso chegar junto?

TRUDA: A gente já estava indo embora.

KRUM: Mas não são nem dez horas.

TRUDA: Eu estou cansada. Boa noite. [*ela vai saindo*]

KRUM: Eu passo na sua casa mais tarde.

TAKHTI: Ele pode te acompanhar.

TRUDA: Por quê?

TAKHTI: Sei lá. Ele pode te acompanhar até em casa.

KRUM: Por que não? Eu te acompanho. [*para Takhti*] Prazer em conhecê-lo.

TAKHTI: Tenho certeza que foi um prazer.

Krum se aproxima de Truda.

TRUDA: Por que você sempre volta, se você não me ama? Eu faço tanto esforço para te esquecer. Apesar de tudo você ainda me ama um pouco?

KRUM: Não.

TRUDA: Então por que você me tortura assim?

KRUM: Qual é? Eu também sofro com isso.

TRUDA: O que é que eu estou fazendo? Mas o que é que eu estou fazendo? De novo me enfiando numa história que não vai acabar bem!

Krum puxa Truda para um canto.

TAKHTI: [*para Shakita*] A Truda e eu... não, nada. Ele não é ninguém, é apenas um amigo. Não fede nem cheira. Eles namoraram uma época, não é? [*tempo*] Não é?! [*tempo*] Definitivamente, viver não é fácil. Ainda mais para alguém como eu, que acha que não merece. Você já teve a impressão que sua vida não estava dentro de você, mas fora de você, em cima das suas costas, como uma corcunda? [*tempo*] Você já sentiu isso? [*tempo*] Você deve se achar muito esperto com esses seus silêncios herméticos... tipo um filósofo chinês. Você queria ter o nome de um desses taciturnos famosos. Isso não ia te ajudar em nada! Já fizeram isso antes de você. Aliás, este bairro já viu morrer mais mudos do que tagarelas. [*tempo*] Eu também consigo ficar calado durante uma hora inteira e não faço este alarde todo. [*tempo*] Vamos dar uma volta?

SHAKITA: Vou ficar aqui.

TAKHTI: Bom, então eu também.

CENA 6

Truda e Krum.

TRUDA: O Takhti é louco por mim, ele me implora todos os dias para eu casar com ele. E é exatamente isso que eu vou acabar fazendo. [*Krum tenta acariciar seus seios*] Para, já chega. Ninguém mais toca nos meus peitos e ninguém mais estraga minha vida. Eu quero que você decida de uma vez por todas.

KRUM: Eu não posso me casar. Pelo menos não agora. Isso acabaria com meus projetos. Eu vou começar a escrever, e eu preciso de um período de calma e liberdade. Sentimental e financeira. Depois...

TRUDA: Não vai haver depois. Eu vou me casar com Takhti. Vamos nos mudar daqui, vamos ter um filho, e quando eu cruzar com você de novo, por acaso, aqui neste buraco, de braços dados com sua mãe, vestindo essas mesmas calças, frequentando os mesmos lugares, eu vou rir da sua cara.

KRUM: Perfeito, você vai rir da minha cara e eu vou usar isso no meu romance.

TRUDA: Seu romance! Eu sou apaixonada por este merda e me pergunto realmente por quê.

KRUM: Truda... Truda...

TRUDA: Você não acredita numa vírgula disso tudo que você diz e você não faz nenhum esforço para ser convincente. Você sabe que eu estou a sua disposição e você se aproveita.

KRUM: Truda.

TRUDA: Você não sente nada. Você sabe disso muito bem: só quando você toma um balde de água fria é que você vem se enxugar aqui na minha casa.

KRUM: É verdade, eu sou um filho da puta. Mas eu tento, eu juro, eu tento. A prova é esta: para a casa de quem eu corro quando eu estou triste? Para a sua casa. Na cama de quem eu me jogo quando eu não tenho mais outra cama para ir? Na sua cama. E quem é que eu me esforço para amar, sem conseguir? Você. Eu sou mesmo um grande filho da puta. Pode me bater. [*Truda lhe dá um tapa na cara*]. Sua puta, você nunca mais vai me ver. Eu que estava justamente pensando em te pedir em casamento. Agora, está tudo acabado.

CENA 7

Na rua, em frente à casa de Truda.

TAKHTI: Sim, sou eu, Takhti. Este que ficou plantado aqui enquanto você se divertia lá em cima com a Truda. Eu vi tudo. Vocês começaram com a luz acesa, depois apagaram a luz por uma hora, e depois vocês acenderam a luz novamente.

KRUM: O que você quer?

TAKHTI: Conhecer o cara que é dono da mulher que me enlouquece.

KRUM: A minha consciência está um pouco adormecida esta noite e eu não acho que você vai conseguir acordá-la.

TAKHTI: Pode deixar sua consciência dormindo. E não se preocupe, eu não vou tentar ter a Truda de volta. Eu sou paciente. Não tenha pressa. E divirta-se bastante.

KRUM: Só me explique por que é que você se rebaixa assim? Você, que tem até diploma.

TAKHTI: Diploma, eu? Eu tenho escola técnica. Eu ganho bem, mas eu sou apenas um técnico.

KRUM: Pare de tentar me fazer acreditar que eu sou importante. Vá, sai daqui de uma vez por todas.

TAKHTI: Eu vou embora, já que é esse o seu desejo. Você é o mestre, você que tem acesso livre à Truda. Mas que uma coisa fique bem clara entre nós: mesmo você sendo pequeno, eu sou ainda menor.

CENA 8

Truda e Dupa na frente do espelho.

DUPA: Eu realmente não sou bonita.

TRUDA: Para com isso. Você é bonita, eu acho. É o essencial.

DUPA: Se um olhar passa por mim, ele pode até achar alguma graça, mas se ele se fixa em mim, só consegue ver a minha feiura. Como é que eu faço para os olhares só passarem por mim, nunca se fixarem em mim?

TRUDA: Bunda grande, é esse o meu problema.

DUPA: Claro, pode tripudiar. Você sabe que você é muito mais bonita do que eu. A prova é que agora você tem o Krum, e antes você tinha o Takhti, e antes, ainda, você tinha o Krum. Eu sou engraçada e alegre, eu ronrono como uma gata no cio, mas não tenho ninguém. Isso fica acumulando aqui dentro e eu acho que vou explodir. Eu tenho tanta coisa para dar para um homem. Bom, o importante é manter o alto-astral e estar sempre alegre.

TRUDA: Você está toda enrugada.

DUPA: É dos nervos. Mas eu continuo alegre, por dentro.

TRUDA: O Krum tem um amigo, ele se chama Tugati. Está interessada?

DUPA: Tugati? Que nome estranho. Tugati. Tugati, bolinho de chocolate? [*ela ri*] Ele é para casar ou é só para se divertir?

TRUDA: Para casar. Só para casar. Não é o tipo de cara para se divertir.

DUPA: Mas é exatamente isso que eu esperei a minha vida toda. Isso, um homem para ficar comigo em casa de pijama e que seja todinho meu. Um homem para eu servir, para eu mimar. Eu só rezo para que ele seja bonito. E que seja alegre. Para inteligência eu não ligo muito, mas que ele seja alegre, e que tenha uma pele macia. E eu também rezo para que...

TRUDA: Mas para que rezar tanto?! Pode perguntar tudo para mim, eu conheço ele.

DUPA: Como ele é?

TRUDA: De todos os seus pedidos eu acho que só vai rolar o do pijama. Acho que eu emagreci um pouco na cintura, não? Ele é feio. Muito feio. Se você achar ele charmoso você vai ser a primeira. Se você achar ele alegre, você também vai ser a primeira. Uma metade do tempo ele está doente, na outra metade ele acha que está. O pijama, bom, se você quer mesmo um pijama, você tirou a sorte grande. O que mais? Ah, o dinheiro. Se você encontrar algum dinheiro com ele, você também vai ser a primeira. E última coisa: ele não é nenhum gênio, mas isso você disse que não tinha importância. Bundão, esse é o meu problema!

DUPA: Mas por quê?

TRUDA: Por que o quê? Olha bem para esta bunda, eu é que pergunto por quê!

DUPA: [*caindo no choro*] Por quê? Por quê?

TRUDA: Minha querida, mas que pergunta é essa?! Esses são homens que foram destinados para a gente. Não temos escolha. [*Dupa chora*] Para com isso, onde foi parar a famosa alegria da Dupa?

CENA 9

No bar, uma festa.

TUGATI: [*para Dupa*] Acho que sou eu. [*tempo*] Decepcionada? Eu me chamo Tugati. Tugati, o aflito.

DUPA: Eu sou a Dupa. Dupa, a pateta. [*oferece uma cerveja*]

TUGATI: Uma cerveja... Eu gostaria de ser esse tipo de cara que bebe suco ou leite. Mas na verdade eu bebo chá. [*tempo*] Se você quiser, a gente pode ir beber na minha varanda.

DUPA: Melhor não. De qualquer maneira, eu estou com um pouco de pressa, eu ainda tenho umas coisas para fazer hoje. [*olha o relógio*] Nossa, já são 20h15.

TUGATI: Eu posso te acompanhar?

DUPA: Não precisa. Boa noite.

TUGATI: A gente podia... se ver amanhã?

DUPA: Amanhã eu vou estar ocupada.

TUGATI: E...

DUPA: E depois de amanhã também. Boa noite.

CENA 10

Krum está comendo. Sua mãe sorri para ele.

KRUM: Não suporto que me observem enquanto eu como. E que joguem em mim suas expectativas.

MÃE: E quem é que tem expectativas aqui? Alguém aqui está te pedindo alguma coisa?

KRUM: Dia e noite você fica aí de pé, me olhando, jogando sobre mim as suas expectativas.

MÃE: Eu estava só olhando uma mosca passar. Eu não tenho direito de observar uma mosca, na minha própria casa?

KRUM: Pois muito bem, a mosca vai comer a sobremesa num restaurante.

MÃE: Vai, vai para o restaurante! Você começou sua refeição como filho, e é como órfão que você vai terminar!

Krum sai. Entra Felícia.

FELÍCIA: Olá, senhora Krum. Eu vi o Krum saindo, ele parecia nervoso.

MÃE: Está agitado. Ele está agitado porque chegou ontem do estrangeiro.

FELÍCIA: Como quiser, senhora Krum. Ele não lhe trouxe nada?

MÃE: Eu tenho tudo que preciso.

FELÍCIA: Nem uma televisãozinha?

MÃE: Eu já tenho TV. Produto nacional. Dá para assistir muito bem nela.

FELÍCIA: Quem sabe um casaco de couro? Uma carteira? Um lenço? Sei lá...

MÃE: Meu filho voltou são e salvo, é isso o que importa. Ele está com saúde, ele trabalha e ganha a vida honestamente, o que mais eu posso pedir? Ele até conseguiu economizar e pagar a viagem dele.

FELÍCIA: Eu não estava falando da viagem. É verdade que ele viajou. Mas a questão não é essa. A questão é: ele foi buscar o quê? Ele evoluiu em quê? Ele construiu o quê? E, principalmente, ele encontrou a felicidade?

MÃE: Se tem uma coisa da qual eu não posso acusar meu filho é de me decepcionar. Ele tem talento, é o que dizem sempre. Enquanto ele tiver saúde...

FELÍCIA: "Enquanto ele tiver saúde!" Por favor, senhora Krum, todo mundo tem saúde. A questão é: o que fazemos com isso? Somos capazes de aproveitar esse curto espaço de tempo em que estamos saudáveis? Saiba que mesmo que a senhora tenha criado ele muito bem, isso não impressiona a doença. *Excuse me.* Alguns seguem carreira na medicina, outros acabam medicados. Cada um com seu problema.

MÃE: Saiba que eu estou muito satisfeita com meu filho.

FELÍCIA: A senhora é mesmo uma mulher teimosa, senhora Krum. A senhora está contente com seu filho, o seu filho está contente com a senhora, eu só tenho que ficar morrendo de inveja. [*tempo*] Nada? Nem um pedaço de queijo francês? Um chocolatinho suíço?

Felícia sai.

MÃE: Mais um drible. Eu passo a vida driblando os ataques. Se a viuvez ataca pela frente, vem a pobreza e ataca por trás. Você conseguiu vencer o ataque do aluguel? São os impostos que despencam na sua cabeça. Você conseguiu vencer os impostos? É a vizinha que te espera na esquina. E quando você conseguiu aniquilar todos os inimigos, o que mais pode cair sobre a sua cabeça? Uma longa noite de insônia e solidão.

CENA 11

KRUM: Mãe, você não está dormindo? Você não está se sentindo bem? Responde.

MÃE: Um aperto.

KRUM: Onde? No coração? Está doendo? Fala!

MÃE: Um aperto.

KRUM: Quer que eu chame um médico? Eu também sinto isso às vezes, um aperto no peito. Isso passa.

MÃE: Não comigo. Você pode se preparar para gritar "Mamãe! Mamãe!" sobre o meu túmulo.

KRUM: Eu estou te avisando: eu sou um homem doente!

MÃE: Claro que não. Você vai ter muitos anos para se arrepender.

KRUM: Eu vou morrer, mãe, eu estou te avisando, eu vou morrer.

MÃE: Quem é a mais velha aqui? Eu. Então sou eu que vou morrer. Eu sou a mais velha, e vou morrer primeiro.

Tempo.

KRUM: Está bem. Eu caso com a Truda. Está satisfeita agora? Está contente?

MÃE: Contente.

KRUM: Era isso que você queria, não é?! Que eu me casasse, te desse um neto.

MÃE: É por mim que você está fazendo isso? Neste caso, muito obrigada, eu tenho uma televisão, isso me basta.

KRUM: Mas você quer que eu me case. Você!

MÃE: Para de gritar assim no meio da noite. Se você quiser gritar vai para a casa da sua Truda. Anda, vai encontrar a sua noiva.

KRUM: Você não está satisfeita. Como sempre.

MÃE: A Truda está satisfeita? A Truda não tem nada a oprimindo? Então, vai ficar com ela.

KRUM: Como sempre você ainda não está satisfeita.

MÃE: A sua Truda está satisfeita? A Truda não sente um aperto? Então vai ficar com a sua Truda!

KRUM: O que você tem contra a Truda?

MÃE: Eu tenho alguma coisa contra a Truda, a agitada? Eu desejo para vocês tudo de bom.

KRUM: Então vá dormir.

MÃE: Eu vou dormir quando eu quiser. Claro, ele prefere que eu durma. Assim eu não vejo nada, não ouço nada, não peço nada, eu só consigo manter a cabeça fora d'água.

KRUM: Quando você dorme eu sou inocente. Quando você acorda eu sou culpado.

MÃE: E a sentença você vai ouvir quando eu morrer.

KRUM: Ah, que chatice! Eu estou preso entre muros de chatice. Nenhum sabor na boca. Nenhum prazer nas veias. Nada que faça sentido. Tudo é tão monótono, tão chato, tão chato.

CENA 12

Na rua, na frente da casa de Truda.

KRUM: Truda! Truda!

Takhti aparece na rua, segurando as roupas e os sapatos.

TAKHTI: É ele, o tal, o homem, o mestre, o número um. Você aparece, eu fujo como um rato.

TRUDA: Takhti...

TAKHTI: Fiquem à vontade e não se incomodem comigo.

TRUDA: [*para Krum*] A próxima vez que eu vir sua cara por aqui eu juro que chamo a polícia.

KRUM: Nós vamos nos casar.

TRUDA: Quando?

KRUM: Imediatamente.

TRUDA: Sobe.

KRUM: A sua cama ainda está quente do Takhti.

TRUDA: Nada pode estar quente do Takhti. Anda, venha.

KRUM: Então você confessa que ele estava na sua cama! Sua puta.

TRUDA: Você sumiu por semanas, o que você queria?

KRUM: Está bem, para mim chega, eu vou me casar com você. Mas eu vou dizer desde já, para que tudo fique bem claro entre a gente: o que eu mais preciso neste momento é de silêncio. Você me conhece, você sabe o que eu tenho e como eu sou. Eu não quero carinhos supérfluos entre nós e carícias fora da cama nem pensar. Eu proíbo você de me dar apelidos carinhosos e de se pendurar no meu pescoço no meio da rua. Nem pense em demonstrações públicas do seu amor, isso me dá arrepios. Se você quiser vai ter que me aguentar assim. É isso aí.

TRUDA: Se você queria que eu recebesse seu pedido de casamento como uma cuspida na cara... conseguiu. Eu aceito.

KRUM: [*para si mesmo*] Eu realmente não consigo achar nenhuma graça nela, apesar de todo o meu esforço.

CENA 13

DUPA: Lembra de mim?

TUGATI: Eu achei que nunca mais ia te ver, e eu... eu realmente já tinha dado esse assunto por encerrado, do ponto de vista espiritual.

DUPA: Você quer explicações?

TUGATI: Não. [*tempo*] Você pode me dar uma boa razão para não casar comigo? [*tempo*] O seu silêncio é enorme. E, enquanto isso, eu me dilacero.

DUPA: [*para si mesma*] Meu Deus, por favor, espere um pouco antes de tornar este homem insuportável. O Senhor que me fez alegre, mas esqueceu de me dar uma boa razão para isso, por favor, ajude-me a suportá-lo. Faça com que a fraqueza dele encontre em mim alguma piedade! Faça com que a sua falta de charme amoleça meu coração!

Tugati tenta acariciar seu rosto. Ela se afasta.

TUGATI: Por quê?

DUPA: Sem olhar. Os olhos são mais cruéis do que os dedos.

TUGATI: Mas se um dia a gente quiser... se beijar...

Dupa estende a mão para trás e apalpa o rosto de Tugati sem olhar.

TUGATI: Me desculpe, não fiz a barba.

Tempo.

DUPA: Minha resposta é sim.

TUGATI: Eu acredito do fundo do meu coração que eu sou um homem fraco e doente. Comer e respirar me exigem um grande esforço. Eu acredito do fundo do meu coração que você precisa me apoiar, me compreender, não gritar comigo, não me assustar, não levantar a mão contra mim, nem me exigir nada. E, principalmente, eu acredito bem aqui dentro de mim, no fundo do meu coração, que com descanso, muito descanso, talvez eu consiga durar ainda uns três ou quatro meses, seis no máximo. Depois disso, eu vou desaparecer. Nos seus braços. Uma pena. [*Dupa ri*] Você está rindo de mim.

DUPA: É porque você é tão... criativo.

TUGATI: Mesmo? Você acha que eu sou criativo? Você tem razão. Eu sou realmente criativo. Vocês ouviram isso? Eu sou criativo, criativo. Quase um poeta. Eu. Fique aqui esta noite.

DUPA: Apague a luz.

Tempo.

TUGATI: Eu preciso te fazer uma pergunta.

DUPA: Fala.

TUGATI: Fazer exercícios físicos é melhor de manhã ou de noite?

DUPA: Vai se foder.

Risos.

CENA 14

Entram Twitsa e Bertoldo.

TWITSA: Olá, Dupa.

DUPA: Twitsa! Eu não acredito no que estou vendo! É Twitsa, a rolinha!

TWITSA: Eu recebi seu convite de casamento. Se você soubesse como eu fiquei feliz que até que enfim você vai se casar. Deixa eu te apresentar o Bertoldo. Ele é italiano e só fala italiano.

BERTOLDO: *Molto lieto* (muito prazer).

TWITSA: Ele só fala italiano. [*apontando para Tugati*] É o pai do noivo?

TUGATI: Eu sou o noivo.

TWITSA: Me desculpe, mas é porque você parece tão... tão...

TUGATI: Doente. Velho, não, doente.

TWITSA: Bom, eu lhe desejo melhoras.

TUGATI: É inútil.

DUPA: Esta é Twitsa, minha amiga de infância. Ela morava aqui no bairro quando era pequena. Depois, se mudou para um bairro chique, fora da cidade. Ela acha que nós aqui somos exóticos e vem nos visitar de dois em dois anos.

TWITSA: Você sabe que eu sou muito ocupada.

DUPA: Mas você vem para o casamento, eu espero.

TWITSA: É que dois dias antes eu vou viajar para Capri com o Bertoldo. Então, como estava passando por aqui, vim te desejar tudo de bom.

Entram Krum e Truda.

TRUDA: Olá.

KRUM: Olá.

DUPA: Truda, deixa eu te apresentar a Twitsa, minha amiga de infância. Ela morava aqui no bairro antigamente. Agora ela tem uma casa incrível num bairro chique.

TRUDA: Muito prazer. Truda.

KRUM: Krum.

TWITSA: Muito prazer. Este é Bertoldo, o italiano.

BERTOLDO: *Molto lieto.*

KRUM: [*para Twitsa*] Eu acho que me lembro de você. Você era bem pequena quando sua família se mudou.

TWITSA: Eu tinha sete anos.

DUPA: Imagina! Com sete anos ela já tinha se mudado daqui! E agora ela vai viajar. Adivinhem para onde? Para Capri!

TWITSA: Só por duas semanas, eu nunca tenho tempo para nada.

DUPA: E, por causa disso, ela não vai poder vir ao casamento. Aliás, Twitsa, Krum e Truda também vão se casar.

TWITSA: Bravo! Casem-se! Façam filhos! Povoem o país!

DUPA: Vamos fazer, vamos fazer filhos com certeza, mas enquanto isso a gente tinha planejado ir ao cinema. Você vem com a gente, Twitsa?

TWITSA: Eu não posso, não tenho tempo para nada. Eu prometi ao Bertoldo nadar à meia-noite no Hilton.

BERTOLDO: *Ho caldo, voglio sudare, ti voglio strappare una retta sottacqua* (eu estou fervendo, quero ir embora, eu quero arrancar sua teta dentro d'água).

TWITSA: *Due minuti, Bertoldino, comportati come si deve* (dois minutos, Bertoldo, comporte-se direito).

BERTOLDO: *Ma hanno rotto le balle questi schifosi, ti voglio scopare all'Hilton* (estou cheio dessa gente medonha, quero comer você lá no Hilton).

Ele ataca Twitsa.

TWITSA: Basta, Bertoldo, no! [*ela o empurra*]. Me desculpem. Ele é italiano.

Vocês vão morar aqui mesmo?

DUPA: Até a gente encontrar coisa melhor.

TWITSA: Aqui não é tão ruim. E com este marido que você arranjou...

TUGATI: Tugati.

TWITSA: Tugati? Bolinho de chocolate.

Twitsa ri.

BERTOLDO: *Madonna Santa, ti sbatto qui per terra e ti chiavo davanti a questi sorci* (Santa Maria, eu vou te jogar no chão e te comer aqui na frente dessa gentalha).

Ele ataca Twitsa novamente.

TWITSA: Bertoldo, basta! Para o chão, seu tarado! Senta.

BERTOLDO: *Sì, sì, artza, artza* (sim, sim, no chão, no chão).

TWITSA: [*para Dupa*] Eles são impossíveis. Pode acreditar, eles são impossíveis esses italianos. [*ela tenta se* *abotoar*] Ele me arrancou um botão. [*Krum e Tugati se abaixam para tentar achar o botão no chão*] De qualquer forma, Bolinho de Chuva, tome conta da Dupa direitinho, ela merece, depois de tantos anos de solidão.

DUPA: Eu não estou reclamando.

TWITSA: Não? Então por que essa cara tão triste? E por que seus olhos não estão brilhando? Sim, sim, minha querida, você é de dar pena, e com razão. Tantas noites chorando sem conseguir dormir, aquele nó na garganta com a certeza de que você também tinha direito a uma migalha. Qualquer migalha. [*ela aponta para Tugati, que se arrasta*] E aí está a sua migalha.

TUGATI: De que cor é o botão?

KRUM: Talvez ele tenha rolado para o corredor.

TUGATI: Mas de que cor é o botão?

Os dois continuam procurando de quatro.

BERTOLDO: *Via, via, andiamo, o ti spruzzo sul soffitto tutto quel che ho qui nei pantaloni* (vamos agora, ou eu vou esguichar no teto tudo isso que tenho dentro das calças)!

Ele ataca Twitsa, ela tenta mais uma vez resistir, mas ele não solta, e, na frente de todo mundo, dão um amasso.

TWITSA: Ah! Esses italianos são uns índios! [*Bertoldo tenta agarrá-la novamente*] Chega, Bertoldo, chega! No chão, seu tarado! No chão!

Bertoldo ataca Twitsa. Ela ri.

TWITSA: Desculpe, Dupa, mas eu sou obrigada a ir embora. Este aqui é como um gato, não se importa com locais públicos, ele não está nem aí, porque não está no país dele. Bom, muito bem, eu parabenizo vocês do fundo do meu coração. Vocês merecem. Realmente, vocês merecem. [*para Bertoldo*] *Avanti.*

BERTOLDO: *Che vadano a fanculo con la loro casa. Amen* (vão todos tomar no cu, junto com suas casas. Amém)!

DUPA: Tchau, Twitsa. Obrigada pela visita.

Twitsa e Bertoldo saem.

DUPA: Apareça de vez em quando!

KRUM: O botão.

TRUDA: Bem, um botão. Um botão. O que foi? Vocês nunca viram um botão na vida?

KRUM: Ela deixou para trás um leve perfume no ar. Um perfume de um país distante.

TUGATI: Eu estou com o nariz entupido.

TRUDA: Se eu tomasse banho com um sabonete caro eu também ia ter cheiro de país distante.

DUPA: Bom, vamos ao cinema de uma vez por todas, já estamos atrasados.

CENA 15

No cinema.

TUGATI: Está escuro ou eu que fiquei cego de vez?

TRUDA: Shhhh, o filme já começou.

KRUM: Ei, seu projecionista
escureça logo a sala
faça-nos mergulhar no escuro
para não precisarmos mais
nos olhar de frente.

E agora vai
mostre-nos um filme
envolvente, leve, em cores
com pessoas bonitas e felizes
bem-vestidas
com garotas belas e nuas
casas rodeadas de jardins
e carros reluzentes e velozes.

Então, sentados no escuro
olharemos em direção à luz
onde durante duas horas mergulharemos
a dor e a humilhação
que permeiam nossas vidas.

E imaginaremos ser
essas pessoas bonitas e felizes
acompanhados dessas garotas belas e nuas
e imaginaremos possuir essas casas
rodeadas de jardins
e esses carros velozes.

Filme de cinema,
faixa trêmula de luz

colocamos em ti nossa esperança
e também em você, projecionista
sentado aí sobre nossas cabeças
que por alguns trocados nos dá
duas horas de uma vida de verdade
que iluminarão o vazio
de nossas vidas de mentira.

O filme termina. Luz. Todos possuem o mesmo sorriso imbecil.

KRUM: Levantem-se, pobres-diabos. O filme acabou. Vocês ainda estão respirando? Lamentável.

Todos se levantam.

TAKHTI: Olá Truda, olá Krum.

TRUDA: Oi.

TAKHTI: Que mundo pequeno.

TRUDA: É a vida.

CENA 16

Na rua, em frente à casa de Truda.

KRUM: Boa noite.

TRUDA: Você não vai subir?

KRUM: Vou dormir.

TRUDA: O que você tem?

KRUM: Nada, por quê?

TRUDA: Você gostou dela?

KRUM: De quem?

TRUDA: Aquela em quem você tem pensado nas últimas horas. Aquela que com um leve perfume de país distante colocou dois marmanjos de quatro no chão. [*tempo*] Me abraça. [*Krum a abraça*] Me beija. [*Krum a beija*] Mais. [*se beijam*] Graças a ela, eu pude provar dos seus beijos mais doces. Você sabe que você nunca poderá tê-la. Mesmo se você se esforçasse muito. A única mulher que você tem sou eu. Eu sou a sua bela e o seu futuro. Você vai viver comigo, você vai trabalhar para mim e você vai ter filhos meus. Você vai ficar doente ao meu lado, você vai desmaiar ao meu lado, você vai morrer antes de mim, você vai ser enterrado por mim, é para mim que você vai doar suas roupas, seu dinheiro, seu nome e suas fotos, e de vez em quando você vai aparecer ainda na minha memória, e quando eu te esquecer, você vai estar perdido para sempre. Sim, meu amor, por mim, ao meu lado e comigo.

KRUM: Krum, eis sua brilhante biografia. Expelido por uma mulher, engolido por outra. Orifícios, preparem-se, eu estou chegando!

CENA 17

Aparecem Tugati e Dupa em trajes de noivos. Seguidos por Felícia, Dolce, Krum, Truda, a Mãe, Takhti e Shakita.

TUGATI: Eu me casei! Eu me casei!

KRUM: Parabéns, Tugati, parabéns!

Felícia para na frente de Tugati e abre a boca.

TUGATI: A senhora quer cantar alguma coisa?

DOLCE: Não, minha mulher quer saber se além desse pedaço de bolo e da taça de vinho a gente pode esperar mais alguma coisa.

DUPA: Vocês sabem que este é um casamento de urgência, meu marido está doente.

FELÍCIA: Sim, mas nós estamos muito bem.

TUGATI: [*chacoalha uma bolsa de água quente*] Eu estou doente. Senhora Krum, muito obrigado pelo presente, eu vou usar hoje mesmo.

MÃE: Muitas felicidades.

TUGATI: Logo, logo é a vez do seu filho.

MÃE: Se ele não tiver alguém para enterrar antes disso.

TUGATI: Muito obrigado a todo mundo. Uma ótima noite para vocês. Eu me casei!

Tempo. Todos cantam.

FELÍCIA: Dolce, na sua opinião, vai ser a noiva que vai enterrar o noivo primeiro ou o contrário? Eu apostaria nela.

DOLCE: Onde está a lua?

FELÍCIA: Daqui a alguns dias tem o casamento de Krum e Truda. Eu já vou esperar vestida.

DOLCE: Você está vendo a lua?

FELÍCIA: O que você quer com a lua?

DOLCE: Não consigo encontrá-la.

FELÍCIA: [*apontando para a própria bunda*] Está aqui. Se você entrar aqui, você vai encontrar a lua.

DOLCE: Com que mulher vulgar eu me casei. Que mulher vulgar!

FELÍCIA: Você acha que sou eu que vou te enterrar ou o contrário?

DOLCE: Vamos, vamos para casa.

FELÍCIA: Eu estou com vontade de dançar.

DOLCE: Não tem música aqui.

FELÍCIA: Então vamos esperar.

DOLCE: No meio da rua? Está tarde.

FELÍCIA: Sim, eu quero dançar.

Tempo.

Ao longe, ouvimos um choro longo. Tugati chora. Felícia abraça Dolce, e os dois começam a dançar no ritmo do choro.

TUGATI: Eu estou chorando! Eu estou chorando!

Ato II

CENA 18

Aparecem Truda e Takhti em trajes de noivos. Seguidos de Dupa, Dolce, Felícia e Shakita.

TRUDA: [*para Dupa*] Por que o Tugati não veio?

DUPA: Ele sentiu uma fraqueza súbita nas pernas.

TRUDA: Ah... mande lembranças para ele.

Felícia para na frente de Truda e abre a boca.

DOLCE: Minha mulher queria saber...

TRUDA: A festa acabou. Eu agradeço e desejo a todos uma ótima noite.

FELÍCIA: Mas nós somos o tipo de gente que precisa comer.

Tempo.

CENA 19

Na casa de Truda.

TAKHTI: Truda! Você já está arrependida de ter se casado comigo?

TRUDA: Que pentelho!

TAKHTI: Eu estou nadando em tanta felicidade que tenho até medo de me afogar. [*tempo*] Que tal se eu preparasse para a gente um chá com biscoitos?

TRUDA: Essa é a ideia mais brilhante que você teve nas últimas semanas.

TAKHTI: Chá com biscoitos. Ah! Lareira e chá com biscoitos! [*cantarola*] Truda, Truda, ó minha Truda...

TRUDA: Truda. É assim que eu me chamo. Eu não posso negar que essas duas sílabas me deixam emocionada quando ouço alguém cantarolando assim. Truda. Eu não imaginava que fosse possível pronunciar esse nome com tanta tristeza, com tanta doçura e que de repente o significado desse nome ganhasse tanta profundidade. Quando eu ouço esse cara tão sensível e tão dedicado cantar assim diante da água que ferve na cozinha, como é possível eu não sentir nada por ele?

Takhti volta.

TAKHTI: O chá...

TRUDA: Oh, Takhti, Takhti, se pelo menos você não fosse tão idiota, me olhando sempre com essa cara de vaca de presépio...

TAKHTI: Truda, você é uma princesa.

TRUDA: Para de me encher.

TAKHTI: Eu estou dizendo que você é uma princesa.

TRUDA: Eu entendo o que você quer dizer, mas eu não sou uma princesa. Uma fortaleza pode ser, mas uma princesa com certeza não.

TAKHTI: Ah, isso, uma fortaleza, minha fortaleza! Eu tenho uma fortaleza em casa! Oh, fortaleza, fortaleza, me prenda nas suas armadilhas!

CENA 20

Tugati cai.

KRUM: O que aconteceu?

FELÍCIA: Tugati perdeu o equilíbrio e caiu de repente.

KRUM: Como caiu? Assim, de repente?

FELÍCIA: Já se foi o tempo em que uma pessoa levava meses para cair. No século XXI, meu caro, você se levanta e cai logo em seguida.

TAKHTI: Deram ordem para transferir o Tugati para o hospital. Eles suspeitam que seja um transtorno no sistema nervoso. A causa desse transtorno pode ser uma perturbação profunda ou superficial, pode ser física ou mental, pode ser temporária ou permanente.

FELÍCIA: Permanente?

KRUM: Tenham pena dele. Ele acabou de encontrar a felicidade. Tenham piedade.

FELÍCIA: Piedade de todos nós. E nos deem uma injeçãozinha de felicidade.

DOLCE: Uma injeçãozinha de saúde.

FELÍCIA: Uma injeção de outra vida, isso, de uma vida melhor.

DOLCE: Uma injeção de bom apetite.

FELÍCIA: E uma injeção para encher o bucho. [*mostra a bunda*]

DOLCE: A medicina se nega a aceitar os nossos pedidos. A medicina não é condescendente nem com as nossas doenças nem com as nossas mortes. A medicina não tem nenhuma piedade da nossa miséria, do ar poluído que nós respiramos, do barulho que nos impede de dormir à noite. A medicina não pode compartilhar conosco o sonho de uma vida melhor, uma vida que se pareça com o que ela deveria ser. Tudo o que a medicina pode fazer é tentar nos curar, e na maior parte dos casos nem isso ela consegue fazer.

CENA 21

TUGATI: O que eu sempre esperei finalmente está acontecendo. De verdade. Eu não acredito. Eu não entendo. Isso é mesmo comigo? Por que justamente eu? Não. Um momento. Deve haver um engano. Eu estou o tempo todo doente, eu me chamo Tugati. Tugati, o aflito. Você pode perguntar para todo mundo, isso tudo nunca foi sério. Eu estava brincando. Vocês não deviam ter me levado a sério. O quê? Eu mereço? Eu juro para vocês que nunca me aconteceu nada grave! Eu estou em plena forma. Podem ver. [*ele se levanta com dificuldade, frakeja*] Não, sem ajuda. [*ele quase não consegue se manter de pé*] É melhor diminuir a distância entre a cabeça e o chão, só para garantir. [*ele ajoelha*] Pronto. Assim. Uma posição a ser recomendada pelo Ministério da Saúde. [*ele cai*] Melhor. Assim é mais seguro. Devagar, mas seguro. Pronto. Em plena forma. [*sua cabeça despenca contra o chão*]. Em plena forma.

DUPA: Eu passo para te ver amanhã de manhã.

TUGATI: Ela não virá.

CENA 22

Tugati, Krum e Shakita.

TUGATI: Vocês estão vendo? Vocês estão vendo como eu estou realmente doente? Vocês gozavam tanto de mim que eu acabei acreditando que não tinha nada. Vocês me enganaram! Que tipo de gente são vocês?! Nós nunca, nunca devemos acreditar que estamos saudáveis. Nós estamos sempre doentes, sempre! Quando estamos doentes, estamos doentes, e quando estamos saudáveis estamos doentes também. Onde está Dupa?

Eu quero morrer com uma mulher chorando ao meu lado... é pedir muito? E vocês, que tipo de gentinha são vocês? [*para Shakita*] E você, por que é que está mudo? O que dizem os médicos, Krum? Eu vou sair dessa?

KRUM: Sim.

TUGATI: Com certeza. Se um médico diz para você que está tudo bem é porque é o seu fim. Não acredito que eles vão me curar. Eles vão me abrir. Vão abrir minha cabeça. Pelo menos, esta cabeça não vai dar muito trabalho. Não vá embora. Por que você já vai? Você já me esqueceu? Você já esqueceu tudo o que aconteceu entre a gente, a paixão tórrida das nossas noites quentes? Vem comigo. Eu arrumei uma linda casa para a gente passar o resto dos nossos dias, com uma grande banheira no meio. Eu vou te ensaboar e a gente só vai conhecer a felicidade. Se você soubesse o tanto de mulheres que eu fiz feliz, você também, eu ia fazer você feliz.

CENA 23

Casa de Dupa e Tugati.

BERTOLDO: *Ciao, buongiorno.*

DUPA: Oh, o italiano. Podemos começar a cantar. O que você está fazendo aqui? Onde está Twitsa?

BERTOLDO: [*explicando com as mãos*] *È partita ieri, tornare fra due giorni, Bertoldo è solo, solo* (ela se foi ontem, ela volta em dois dias, Bertoldo está sozinho, sozinho).

DUPA: [*ri*] Twitsa viajou há três dias e você está procurando companhia? É isso que você está tentando dizer?

BERTOLDO: *Sì, sì.*

DUPA: Sente-se. [*Bertoldo se senta ao lado dela e coloca uma das mãos no seu ombro. Dupa a retira*] Meu marido está doente [*ela tenta explicar com gestos*] Meu marido. Doente. No hospital. "Hospitala".

BERTOLDO: *Sì, sì, ospedale.*

Ele coloca novamente a mão sobre o ombro dela, ela a retira mais uma vez.

DUPA: O que vocês acham, na Itália, é melhor fazer exercícios de manhã ou de noite? [*ela tenta explicar com gestos*] Ginástica. Esporte.

BERTOLDO: *Sì, sì, sport!*

Dupa começa a demonstrar exercícios de ginástica levantando os braços. Bertoldo não para de olhar para seus peitos, e de repente ele coloca as mãos em cima deles. Ela não resiste, depois fica por uns instantes paralisada.

DUPA: [*para si mesma*] Isso é para você, Dupa, vai, cai de boca! Itália *mia*!

Bertoldo a agarra e a beija. Ela se entrega.

Entra Krum.

KRUM: Com licença. [*Dupa se levanta*] Eu só vim te dar notícias da cirurgia. Deu tudo certo. O tumor que foi removido era maligno. [*tempo*] Seria legal se você o visitasse, pelo menos uma vez. Ele não vai durar muito tempo.

BERTOLDO: *Ma cosa vuole quel cazzo* (o que ele quer, esse bosta)*?*

KRUM: Os médicos me deixaram levar ele amanhã até a praia, para ver um último pôr do sol. Então, se você quiser...

BERTOLDO: *Ma cosa vuoi, perché disturbi, perché non ci lasci in pace? Non vedi che siamo occupati* (o que você quer? Por que você está nos incomodando? Por que você não nos deixa em paz? Não vê que estamos ocupados)?

Krum sai. Bertoldo vai até Dupa e coloca a mão no ombro dela. Ela retira.

BERTOLDO: *O tutto da capo!* (Oh, tudo de novo!)

Ele coloca novamente a mão sobre o ombro dela. Ela a retira. Ele faz cócegas no pescoço dela, ela balança a cabeça, ele desce até os seios, ela resiste.

DUPA: No Hilton.

BERTOLDO: Hilton?

DUPA: Sim, só no Hilton!

BERTOLDO: *Ma vaffanculo col tuo Hilton!* (Vai à merda com esse Hilton!)

Blecaute

CENA 24

Na praia.

KRUM: A gente se atrasou por causa desses engarrafamentos. O sol foi quase embora. Daqui do jardim a gente pode ver o mar e o pôr do sol.

TUGATI: O ar está fresco! Ah, essa brisa dá até vontade de praticar esportes.

KRUM: Tugati, olha o horizonte, o sol já vai se pôr.

TUGATI: Por que de repente vocês querem que eu veja o sol? Até parece que...

KRUM: Olha, olha a cor do céu. E olhe todas estas flores.

TUGATI: Se eu tivesse respirado um ar assim durante a minha vida...

KRUM: Lá está o Hilton. Olha lá, Tugati. Foi na piscina desse hotel que Twitsa tomou banho. Você se lembra da Twitsa?

TUGATI: Twitsa. Mas o que é que deu em você de repente...

KRUM: Ah, o sol, o sol! Nós vamos perder o sol! Agarre o sol, Tugati! O sol!

TUGATI: Krum! Eu estou vendo o sol pela última vez? Pela última vez? É isso?

KRUM: O sol! O sol!

TUGATI: [*encolhendo-se*] Não! O sol me faz mal!

KRUM: O Hilton!

TUGATI: O Hilton me faz mal!

KRUM: Olha o mar, Tugati, se encha do azul do mar. Tugati!

TUGATI: O azul me faz mal! O mar me faz mal! O mundo inteiro me faz mal!

KRUM: Olha, Tugati, olha! Um barco! Desse lado! Um barco!

TUGATI: Meu último? Meu último barco, Krum? Eu nunca mais vou ver? Nem mesmo um barco? O desenho de um barco?!

KRUM: Ele navega sobre as ondas. Sinta o balanço das ondas! Se encha das ondas!

TUGATI: Não!

KRUM: E veja só o noivo e a noiva!!

Chega um fotógrafo. O noivo e a noiva são um casal da plateia.

O FOTÓGRAFO: Nós quase perdemos o pôr do sol.

KRUM: Dois pombinhos!

TUGATI: Não! Eles me fazem mal. Eu não quero que eles se casem!

O FOTÓGRAFO: Olhem um para o outro. Sorriam. [*o fotógrafo tira a foto*]

KRUM: Admire, uma noiva sorrindo com o pôr do sol...

TUGATI: Eu quero uma foto com eles.

KRUM: [*se aproxima do casal*] Meu amigo aqui está doente. Ele veio se despedir do mundo e ele gostaria de tirar uma foto com vocês.

TUGATI: Eu também quero sair na foto.

O fotógrafo tira a foto.

KRUM: Já está escurecendo. [*para Tugati*] Uma última olhadinha no mar?

Todos se levantam e olham em direção à plateia.

A ATRIZ QUE FAZ TRUDA: [*para a plateia*] Nós vamos envelhecer, enfraquecer, e com o cansaço virá o descanso. Nós não vamos ter forças para comemorar nem para gritar, protestar ou sofrer. Uma calma vai tomar conta de nós. Nós vamos ficar calmos, calmos. Um resto de vida, fracassada, decadente. Depois, devagar, bem devagar, sem provocações nem ressentimentos, um dia nós vamos começar a morrer. Nada mais vai interessar. Nem a agitação da vida, nem Deus, nem a esperança, nem tentar encontrar um sentido para nossas vidas.

CENA 25

Casa de Truda.

DUPA: Truda, eu vim me despedir.

TRUDA: Tugati não está nada bem.

DUPA: Eu estou indo embora.

TRUDA: Para onde?

DUPA: Me ofereceram um emprego num supermercado em outra cidade. De caixa. Tem tantos homens que passam por um caixa de supermercado, quem sabe um deles resolva parar. [*tempo*] O que ainda resta para nós dois, Truda? Eu nem o conheço, eu só conheço as doenças dele. O casamento não foi consumado. Nas poucas vezes em que consegui dormir ao lado dele, seus gemidos não foram exatamente de prazer. Não aconteceu nada entre a gente. Não deu tempo. [*tempo*] Você me olha como se eu fosse uma vaca. Qual é? Claro, é prático ter uma Dupa no mundo. Dupa, a pateta vai se casar com os moribundos, Dupa, a pateta vai enterrá-los. Dupa, a pateta vai cuidar de toda essa sujeira. [*tempo*] Pois muito bem, não, Dupa, a pateta vai embora, senhoras e senhores! Ela vai de encontro à oferta! Minha risada vai tilintar como as moedas caindo no caixa. Um homem cheio de charme vai colocar seu maço de cigarros americanos na minha esteira, ele vai me arrancar da minha cadeira e vai me levar diretamente para Acapulco! [*Truda adormece sem que Dupa perceba*] Eu tenho pena dele, eu tenho um pouco de nojo de mim, mas e daí? Truda? [*tempo*] Você está dormindo. Você está cada vez mais se deixando abater pelo cansaço nesses últimos dias. Você só se preocupa com a gravidez. E você também conseguiu arrumar um belo cantinho. [*ela se levanta e pega a mala*] E logo, logo você vai ter um bebê nos braços.

CENA 26

Tugati, Krum e Shakita. No hospital.

TUGATI: Krum, amanhã você vai a uma loja de artigos esportivos comprar um par de tênis e uma raquete. Finalmente eu decidi jogar tênis à tarde. Se eu jogar tênis com belas garotas, eu mato dois coelhos: pratico um esporte e saio com garotas. Sim, a melhor escolha é jogar tênis à tarde.

KRUM: Certo, amanhã eu compro um par de tênis para você.

TUGATI: Krum, eu quero ficar bom, quero ficar bom! O que eu vivi até hoje, isso não é viver. Eu estava apenas me preparando para a vida, eu só estava fazendo planos, isso não se chama viver, isso não é viver! [*fala baixinho*] Quanto mais eu pioro, mais eu me agarro a esta existência miserável. Como uma mosca num monte de merda. É lamentável. [*ele chora baixinho*] O que a gente não tem que engolir antes de deixar nossa alma, né?! [*tempo. Ele para de chorar*] E lá fora? É primavera? Claro! Se eu estou no hospital, é evidente que lá fora é primavera.

KRUM: Está frio e cinzento. Um tempo de merda.

TUGATI: Mentira, eu posso ver o sol daqui.

KRUM: As nuvens já vão cobri-lo.

TUGATI: A quantidade de coisas que eu vou perder se eu morrer.

KRUM: Você não vai perder nada.

TUGATI: Claro que vou.

KRUM: Você não vai perder nada, Tugati, pode acreditar. Olha bem para a gente, olha para as nossas vidas, olha bem para toda essa vida que a gente ainda vai ter que encarar. O que é que você está perdendo? Olha para as nossas casas, para as nossas mulheres. Pensa quanto a gente rala todos os dias para ganhar a vida, para conseguir um dinheirinho a mais; pensa nas nossas existências ridículas, sem nenhum charme, nenhuma beleza, nenhum amor, sim, esse amor que não nos ensinaram a receber, mesmo quando ele nos é dado de graça. Você se esquece das nossas preocupações em vão, da nossa busca interminável pelas noites, das nossas dúvidas eternas. O que é que você está perdendo?! O que é que você está perdendo, Tugati?!

TUGATI: [*com a voz cada vez mais fraca*] Eu perco, eu perco...

KRUM: [*começa a se encolher. Shakita faz o mesmo*] Olha bem para a gente, Tugati. É isto que você vai perder! Isto! Estes caras! Estas mãos! Estes joelhos! Estes últimos suspiros sobre a terra antes de nos encontrarmos lá embaixo!

Krum e Shakita continuam a se encolher sobre eles mesmos. De repente, Tugati para, deitado, inerte. Krum e Shakita param um instante, tentam ainda um ou dois movimentos para encorajá-lo, mas ele não reage mais.

KRUM: Tugati? [*tempo*] Tugati, você está entendendo? Está entendendo? [*tempo*] Tugati?

Tugati morre.

CENA 27

Após o enterro de Tugati.

FELÍCIA: Por que você está me olhando assim? Eu estou viva, sim, eu estou bem viva. E eu tenho ao meu lado um homem em plena forma, em perfeito estado de saúde e com ótimo apetite. Resultado: eu não estou sozinha. [*Dolce não tira os olhos dela*] Não se preocupe, você também não vai morrer tão cedo. Você vai ficar comigo. Felícia vai cuidar de você, você vai ver. Você é o meu ambiente natural, minha evidência, meu sem dúvida alguma, você é meu evidentemente, sim, meu doce evidentemente. [*ela belisca a bunda dele*] Ui, essa bundinha, essa bundinha que Deus dividiu ao meio, metade para mim e metade para você.

DOLCE: Quem foi que me deu uma mulher assim tão vulgar, tão repugnante! Eu não quero dividir minha bunda com você, está me ouvindo? Eu não quero dividir minha cama com você! Não quero dividir nem minha privada com você! Eu não quero dividir nada com você! Eu achei que com o passar dos anos você acabaria morrendo! Eu me enganei! Você nunca vai morrer! Você e a sua geladeira, vocês são eternas! Sou eu que vou morrer! Eu! Como Tugati! Eu vou morrer!

Felícia lhe dá um tapa na cara.

FELÍCIA: Você vai viver! Nós nos encontramos ao ar livre, neste ar viciado nós rimos muito, e será com esta falta de ar que nós vamos descansar. Juntos.

Felícia lhe dá outro tapa na cara.

CENA 28

Shakita indo embora com uma mochila.

KRUM: O que significa isto, Shakita?

SHAKITA: Eu estou caindo fora.

KRUM: Para onde? Aconteceu alguma coisa?

SHAKITA: Não.

KRUM: Então por quê?

SHAKITA: Eu estou de saco cheio. E além do mais...

KRUM: Continua, eu estou ouvindo...

SHAKITA: ... eu estou de saco cheio.

KRUM: O que você vai fazer fora daqui? Em qualquer lugar vai ser igual aqui. Aqui, ao menos, a gente te conhece.

SHAKITA: Sim, mas eu estou de saco cheio.

KRUM: Você está querendo me dizer que você está indo embora porque não tem o que fazer? Não. O que você quer é tentar a sorte fora daqui, anda, confessa.

SHAKITA: Não é verdade. Eu só estou indo embora. Só isso.

KRUM: Eu sei, eu sei. Você quer vencer na vida, ficar rico, casar com uma mulher maravilhosa e voltar aqui num conversível para mostrar para ela o bairro onde você cresceu! Eu não acredito em você! Todos esses anos em silêncio, era só para esconder da gente a sua ambição! Mas eu conheço bem os mudos da sua espécie! Todos vocês sonham em segredo com o sucesso e com mulheres.

SHAKITA: Eu prometo pela minha honra continuar pobre, sozinho e entediado pelo resto da vida.

KRUM: Nesse caso, continue aqui com a gente, na lama.

SHAKITA: Eu só quero viajar um pouco, eu estou de saco cheio, tchau.

KRUM: Quem você pensa que é para ir embora e nos deixar aqui? Aliás, quem é você, simplesmente? Nem mesmo um ser humano. Apenas um desses ridículos acessórios que fazem parte da paisagem da minha infância! Sua cara é exatamente igual ao reboco que se esfacela sobre as fachadas das casas dessas ruas, elas nem sequer existem, são apenas o pano de fundo do cenário da minha vida, uma página do meu romance. Você não tem nenhuma outra vida, nenhuma outra! [*Shakita sai*] Nenhuma outra.

CENA 29

KRUM: Mãe, por que você não está dormindo?

MÃE: Não consigo.

KRUM: Toma um comprimido.

MÃE: Eu quero um neto. Um neto para embalar no berço me ajudaria a dormir.

KRUM: O que você quer que eu faça?

MÃE: Um neto. Eu me preparei para isso.

KRUM: Eu também.

MÃE: Você tinha a Truda.

KRUM: Eu queria algo mais.

MÃE: Mas a gente nem sempre tem aquilo que quer.

KRUM: Com um pouco de boa vontade.

MÃE: Trudas. No seu mundo, ao alcance das suas mãos, no pedaço de vida que o destino te reservou, só existem Trudas, só isso. Trudas, um emprego num escritório, uma criança para alimentar, e mais outra criança, e um financiamento imobiliário para pagar durante toda a sua vida. Não há mais do que isso para você, meu filho querido, nada mais. Não há mais brinquedos para você no mundo. O mundo só tem isso para te dar.

Tempo.

KRUM: Eu vou começar a escrever.

MÃE: Escrever! Para com isso!

KRUM: Mãe, tenta dormir.

MÃE: O mundo só tem isso para te dar.

KRUM: Vá dormir.

MÃE: O mundo só tem isso para te dar.

KRUM: Vá dormir, mãe, vá dormir.

MÃE: O mundo só tem isso para te dar.

KRUM: Durma, mãe, durma. Anda, feche os olhos. Feche os olhos, pelo amor de Deus!

MÃE: Você não vai descansar enquanto eu não fechar meus olhos para sempre, não é? Eu, a última testemunha do seu fracasso!

CENA 30

Num bar.

KRUM: Se lembra de mim?

TWITSA: Me refresque a memória.

KRUM: Krum. O botão.

TWITSA: Ah, sim. O botão.

KRUM: Eu o encontrei.

TWITSA: Pode ficar com ele.

KRUM: Obrigado.

TWITSA: Como está Dupa? E o seu bolinho de chocolate?

KRUM: Ele morreu.

TWITSA: Ah, coitada! A felicidade realmente não combina com ela. Você não ia se casar também?

KRUM: Sim, mas eu não me casei.

TWITSA: Puxa, é mesmo?! O que aconteceu?

KRUM: Nada. Na verdade, se eu posso ser franco, eu cancelei meu casamento no... no dia em que eu vi você pela primeira vez. [*tempo*] E Capri, como foi?

TWITSA: Já até me esqueci. Amanhã de manhã eu viajo de novo.

KRUM: Para onde?

TWITSA: Los Angeles.

KRUM: A cidade dos meus sonhos!

TWITSA: Como eu invejo você por ainda se entusiasmar com um lugar como Los Angeles.

KRUM: Como eu invejo você por já ter voltado de um lugar como Los Angeles!

TWITSA: Bom, então será com esta inveja mútua que vamos nos despedir.

KRUM: Desculpe a minha indelicadeza, mas quando eu olho para a sua bunda, eu não consigo parar de pensar: olha aí uma bunda que já sentou na Califórnia. É o traseiro de uma mulher que já viu mais do que eu e minha mãe juntos. Me leva para Los Angeles com você.

TWITSA: Que ideia!

KRUM: Não?

TWITSA: Não.

KRUM: Eu adoraria. Quer dizer, eu amo você. [*tempo*] Desculpa.

TWITSA: Por quê? Você é tão fofo.

KRUM: Ah, é? Então vamos embora juntos?

TWITSA: Já tem alguém me esperando lá.

KRUM: Um homem?

TWITSA: Sim.

KRUM: Vocês vão se casar?

TWITSA: Claro.

KRUM: E o italiano?

TWITSA: Bertoldo é provisório.

KRUM: Ele sabe disso?

TWITSA: Ele saberá amanhã. Bom, acho melhor eu ir embora.

KRUM: Eu estou tentando escrever um romance e estou recolhendo material...

TWITSA: Ah, você é artista.

KRUM: Mais ou menos.

TWITSA: Então, quem sabe você possa me explicar: por que todos vocês começam uma carreira artística e acabam como balconistas?

KRUM: É este lugar! É por isso que eu tenho que ir embora daqui, você entende? Eu sinto que é uma questão de vida ou morte. Se somente eu pudesse partir para longe, longe, longe...

TWITSA: Quem te impede?

KRUM: Como? Onde? Com quem? Do que eu iria viver? E minha mãe?

TWITSA: Eu tenho certeza de que nada é impossível para quem realmente quer alguma coisa.

KRUM: Claro. Ela vem aqui montada na sua nuvenzinha de "tudo é possível", ela deixa no ar um perfume discreto de "tudo é possível" e mantém a sua inabalável convicção. Pois saiba que para algumas pessoas "impossível" não é uma brincadeira.

TWITSA: Eu deveria, quem sabe, agora, deixar cair uma lágrima por causa dessa sua espécie infeliz. O único problema é que eu tenho muito pouco tempo e nenhuma memória.

KRUM: Pois eu não me esqueço de nada. As pessoas como você foram feitas para fazer sofrer pessoas como eu.

TWITSA: Você é realmente fofo. Eu vou deixar você me dar um beijinho antes de ir embora.

KRUM: Com o gosto de Los Angeles nos lábios.

Blecaute.

CENA 31

Krum encontra Takhti.

KRUM: Sozinho de novo?

TAKHTI: Sim, qual é o problema? Não é porque eu me casei com a Truda e porque eu tenho um bebê que isso me deixou insensível. Eu tenho meus sentimentos, meus problemas, minhas insônias. Sim! E que insônias! E eu vou te dizer mais: às vezes, quando eu olho para a cara da Truda, eu tenho vontade de chorar de vergonha das aspirações e dos sonhos que eu já pude ter. Eu, com todo o meu talento… e, em vez disso… Truda. Toda noite eu amasso a bunda dela como se eu trabalhasse numa padaria. Ela tem pelos pretos nas coxas e embaixo do nariz, isso não é nenhuma novidade para você. E a pele dela, eu me permito te informar, a pele dela está começando a desabar. E mesmo assim, como eu gosto desse "desabamento"! Mais que tudo. "Mais que tudo"… Bom, talvez eu esteja exagerando um pouco. Mas eu não posso viver sem ela. Eu sou fascinado por ela. Às vezes, se eu fico sem vê-la por meia hora, parece que eu vou ficar louco. Você entende a profundidade dessas contradições? Em todo caso, quem disse que eu não sou um ser sensível e complicado, hein?

KRUM: Você já terminou?

TAKHTI: Não, eu não terminei. Você fica calado, provavelmente você deve estar rindo por dentro pensando: "Graças a Deus, esse aí também sofre." Bobagem. Não tire conclusões precipitadas, isso são apenas as pequenas turbulências da nossa felicidade conjugal. Com certeza você não pode entender isso. Você é um imbecil. Nunca acontece nada com você.

KRUM: Boa noite.

TAKHTI: Ah, aliás, sua mãe morreu. Faz umas duas horas. Você quer a Truda? Pode pegar.

CENA 32

Krum, para sua mãe morta.

KRUM: Eu sou filho dela. Aqui era a casa dela. Levanta, ressuscita, e que eu possa novamente acreditar, como quando eu era pequeno, que você é invencível. De pé, você que me pôs no mundo e que me criou. Eu achava que você ia me salvar, que um dia você arrancaria a máscara e que sob essa aparência de sofrimento surgiria um rosto feliz, e nós riríamos, riríamos muito desse nosso sonho ruim. Levanta, mãe, e vai para casa, porque eu te proíbo de ir embora! Eu te proíbo, você está me ouvindo? Eu te proíbo!

Não, não, ainda não, eu ainda não estou pronto o suficiente. [*o choro o assalta, mas ele consegue se conter*] Não, a hora desta dor ainda não chegou, eu ainda não estou pronto. Mais tarde. Antes é preciso se preparar, armazenar forças, treinar, comer bem, dormir bem, fazer exercícios todas as manhãs. É preciso amadurecer, se fortalecer, antes desse dia. E o dia virá, eu sei, as travas da minha alma vão se abrir, e eu vou chorar, por tudo, pelo tempo desperdiçado que não voltará, vou explodir para sempre esta carapaça que me sufoca e vou aparecer, enfim, novo e disposto. Pronto para começar a viver. [*novamente o choro o toma, mas ele consegue se conter*] Ainda não. Eu vou fazer exercícios todas as manhãs. Só depois. Mais tarde.

FIM

No meio da pedra tinha um caminho

"O fim está no começo e, no entanto, continua-se." Essas palavras de Beckett ressoam ao longo de todos os episódios de *Krum, o ectoplasma, peça com dois casamentos e dois funerais*, do dramaturgo israelense Hanoch Levin (1943-1999). A peça se inicia com o retorno ao lar do personagem-título, que, depois de perambular pela Europa em busca de experiências e quiçá de aprendizado, volta para casa — na periferia de uma grande cidade israelense — de mãos vazias. Ao chegar, Krum confessa que não viu nada, não viveu nada, que nem mesmo no estrangeiro foi capaz de encontrar o que buscava. Ao recusar a possibilidade de qualquer transformação existencial e de qualquer escapatória de um mundo onde o céu parece sempre tão baixo, o ar tão pesado, as estruturas sociais tão opressoras, Krum formula uma questão urgente: até que ponto é possível sonhar a mudança? Será que estamos condenados a repetir indefinidamente os mesmos ritos incompreensíveis, a viver uma sucessão interminável de casamentos e funerais que, vistos sem ilusões, não significam nada? Por que continuar? Para que continuar?

Articulada em torno dessas questões, a peça apresenta o reencontro do recém-chegado com os estranhos habitantes de seu mundo: sua mãe, seus amigos, a antiga namorada, os vizinhos. Breves episódios de suas vidas desenrolam-se diante dos espectadores, que são instados a se identificarem com a perspectiva distanciada, irônica, "ectoplásmica" de Krum — cujo olhar desnaturaliza tudo o que toca — e a investigarem a legitimidade dos sentidos de existir encontrados pelas pessoas em cena.

Essa descrição aproximaria *Krum* de um certo teatro existencialista, ou mesmo niilista, no qual a investigação culminaria na constatação resignada de que, ao fim e ao cabo, nada tem sentido, tudo é absurdo. "Ocorre que em *Krum*", como notou o diretor Marcio Abreu já no primeiro dia de ensaio, "há uma extraordinária dialética entre a vulgaridade e o lirismo". Se a vulgaridade de fato está em primeiro plano, tanto no ambiente periférico quanto no horizonte limitado de seus habitantes, na banalidade de suas ocupações e opiniões, não raro irrompem momentos de pungente lirismo. Como aquelas árvores que depois de inúmeras peripécias vieram a brotar em pleno deserto israelense, os personagens, a princípio estáticos, de *Krum* — a ponto de serem designados por epítetos, como nas grandes epopeias homéricas — acabam encontrando saídas insuspeitas ao pé de suas paredes sem portas.

Também os artistas envolvidos na produção de *Krum, o ectoplasma* precisaram encontrar uma saída singular para a tendência mais imediata de confinar a peça à sua possível interpretação como "drama existencialista". Ao relerem em chave política a dialética entre a vulgaridade e o lirismo, esta apareceu como uma dialética entre o conformismo e a necessidade de mudança. Sublinhar o lirismo é, em larga medida, afirmar o inconformismo, o poder utópico de o teatro não apenas quebrar a quarta parede de que falava Brecht, mas também as outras três paredes que o separam da vida social. Assim, o fato de a companhia brasileira de teatro ter decidido montar a peça de um autor israelense como Hanoch Levin em um momento histórico como o nosso, de acirramento do conflito Israel-Palestina e de recrudescimento do pensamento conservador no Brasil, é por si só significativo. Se, como diz o próprio Krum a certa altura da peça, "para algumas pessoas a palavra 'impossível' não é uma brincadeira", para outras, os artistas envolvidos nesta produção, o mais importante é sermos realistas, é demandarmos justamente o impossível.

Patrick Pessoa

© Editora de Livros Cobogó
© The Hanoch Levin Institute of Israeli Drama at the Cameri Theatre of Tel Aviv

Editora-chefe
Isabel Diegues

Editora
Julia Barbosa

Tradução
Giovana Soar

Tradução do hebraico
Suely Pfeferman Kagan

Adaptação
Marcio Abreu e Nadja Naira

Coordenação de Produção
Melina Bial

Revisão Final
Eduardo Carneiro

Projeto Gráfico e Diagramação
Mari Taboada

Capa
Cubículo

CIP-BRASIL. CATALOGAÇÃO-NA-FONTE
SINDICATO NACIONAL DOS EDITORES DE LIVROS, RJ

Levin, Hanoch, 1943-1999
L645k   Krum / Hanoch Levin; tradução Giovana Soar.- 1. ed.- Rio de Janeiro: Cobogó, 2016.
80 p. ; 19 cm. (Dramaturgia)
Tradução de: Krum
ISBN 978-85-5591-010-4
1. Teatro israelense. I. Soar, Giovana. II. Título. III. Série.

16-32991   CDD: 792.09924
                                                      CDU: 792(569.4)

Nesta edição, foi respeitado o Acordo Ortográfico da Língua Portuguesa de 1990, que entrou em vigor no Brasil em 2009.

Todos os direitos em língua portuguesa reservados à
Editora de Livros Cobogó Ltda.
Rua Jardim Botânico, 635/406
Rio de Janeiro-RJ-22470-050
www.cobogo.com.br

Outros títulos desta coleção:

ALGUÉM ACABA DE MORRER LÁ FORA, de Jô Bilac

NINGUÉM FALOU QUE SERIA FÁCIL, de Felipe Rocha

TRABALHOS DE AMORES QUASE PERDIDOS, de Pedro Brício

NEM UM DIA SE PASSA SEM NOTÍCIAS SUAS, de Daniela Pereira de Carvalho

OS ESTONIANOS, de Julia Spadaccini

PONTO DE FUGA, de Rodrigo Nogueira

POR ELISE, de Grace Passô

MARCHA PARA ZENTURO, de Grace Passô

AMORES SURDOS, de Grace Passô

CONGRESSO INTERNACIONAL DO MEDO, de Grace Passô

IN ON IT | A PRIMEIRA VISTA, de Daniel MacIvor

INCÊNDIOS, de Wajdi Mouawad

CINE MONSTRO, de Daniel MacIvor

CONSELHO DE CLASSE, de Jô Bilac

CARA DE CAVALO, de Pedro Kosovski

GARRAS CURVAS E UM CANTO SEDUTOR, de Daniele Avila Small

OS MAMUTES, de Jô Bilac

INFÂNCIA, TIROS E PLUMAS, de Jô Bilac

NEM MESMO TODO O OCEANO, adaptação de Inez Viana do romance de Alcione Araújo

NÔMADES, de Marcio Abreu e Patrick Pessoa

CARANGUEJO OVERDRIVE, de Pedro Kosovski

A PAZ PERPÉTUA, de Juan Mayorga
Tradução Aderbal Freire-Filho

APRÈS MOI, LE DÉLUGE (DEPOIS DE MIM, O DILÚVIO),
de Lluïsa Cunillé
Tradução Marcio Meirelles

ATRA BÍLIS, de Laila Ripoll
Tradução Hugo Rodas

CACHORRO MORTO NA LAVANDERIA: OS FORTES, de Angélica Liddell
Tradução Beatriz Sayad

DENTRO DA TERRA, de José Manuel Mora
Tradução Roberto Alvim

MÜNCHAUSEN, de Lucía Vilanova
Tradução Pedro Brício

NN12, de Gracia Morales
Tradução Gilberto Gawronski

O PRINCÍPIO DE ARQUIMEDES, de Josep Maria Miró i Coromina
Tradução Luís Artur Nunes

OS CORPOS PERDIDOS, de José Manuel Mora
Tradução Cibele Forjaz

CLIFF (PRECIPÍCIO), de Alberto Conejero López
Tradução Fernando Yamamoto

2016
———————
1ª impressão

Este livro foi composto em Univers.
Impresso pela Mark Press
sobre papel Soft 80g/m².